어린이를 위한 퍼스널브랜딩

열 살
내 꿈이
궁금해!

20____ 년 ____살의 나

이름: _____

스스로 해내는 아이들의
공통점을 아시나요?

"엄마, 저 오늘만 학원 안 가면 안 돼요?"

"행복은 성적순이 아니잖아요!"

혹시, 자녀에게 이와 비슷한 말을 들어 본 적 있으신가요?

학교에서 초등학교 아이들을 가르치다 보면

학원 가기 싫다는 말을 하는 학생들이 참 많습니다.

저는 그런 아이들에게 질문을 하곤 합니다.

"○○아, 혹시 학원을 왜 다니는 거야?"

돌아오는 대답은 주로 다음과 같습니다.

"엄마, 아빠가 다 저를 위한 거래요."

"안 다니면 나중에 취직 못한대요."

위와는 반대로 수업 시간에 적극적으로 질문하고,

책을 찾아 읽고, 먼저 학원을 등록해 달라는 아이들이 있습니다.

바로 스스로 해내는 아이들이죠.

그런 아이들의 공통점이 있습니다.

'꿈'이 분명하다는 것입니다.

스스로 해내는 아이들의 꿈은

방송인, 드라마 작가, 의사, 교사, 삼성 직원, 캐릭터 디자이너, 대통령

등 정말 다양했습니다.

꿈은 각자 다르지만, 스스로 해내는 아이들의 공통점이 또 한 가지 있습니다.

바로, 나에게 잘 어울리는 꿈을 꾸고 있다는 것입니다.

대통령을 꿈꾸는 저희 반 아이는 세계의 역사와 정치에 관심이 많고,
전교 임원 선거에 나온 형, 누나의 공약을 하나하나 분석해 보기도 합니다.
의사를 꿈꾸었던 옛 제자는 우리 동네에 큰 종합병원이 없다며 아쉬워했고,
친구가 다치면 누구보다 빨리 달려가 걱정해 주는 아이였습니다.
"왜 의사가 되고 싶니?" 라고 질문했을 때
"그냥… 멋있잖아요."라고 대답하는 아이와
"아픈 사람을 보면 걱정되고, 도와주고 싶어서요." 라고 대답하는 아이의 차이는
'나에 대해 얼마나 잘 아는가'입니다.
자발적 학습의 비밀은 바로 동기부여입니다.
그리고 가장 큰 내적 동기는 나의 진정한 '꿈'입니다.
단순히 그 직업이 멋있어서, 혹은 부모님이 하라고 하셔서 정한 꿈은
진정한 나의 꿈이 아니지요.
나 자신과 깊이 있게 대화하고, 나에 대한 이해를 토대로 꿈을 꿀 수 있다면
부모님이 시키지 않아도 스스로 공부하는 아이가 됩니다.

이 책은 아이들이 나에 대해 깊이 있게, 그리고 즐겁게 탐색할 수 있도록
다양한 질문을 던집니다.
아이가 이 책으로 활동할 때 대화를 나누어 보세요.
성격, 취향, 감정, 관심사, 직업 등을 함께 생각하고 활동하다 보면
어느새 자신의 진정한 꿈과 가까워진 자녀를 마주하게 되실 겁니다.
그리고, 아이들의 글을 보며 감탄하실 거예요.
종종 어른들보다 아이들이 나 자신과 더 솔직하게 대화하거든요!

'퍼스널 브랜딩'이라는 말 들어 보셨나요?
자신에게 어울리는 꿈을 찾아, 말 그대로 자신을 브랜드화하는 것을 뜻하는데요,
현재를 사는 우리 모두에게 꼭 필요한 덕목이 되고 있습니다.
아이가 스스로 꿈을 찾는 여정, 바로 퍼스널 브랜딩의 과정을 함께해 주세요.

초등 교사 하랑쌤 황현하 드림

나는 누구일까?

"나는 뭘 좋아하고, 뭘 잘하고, 뭘 할 때 행복한 사람일까?"
"내 진짜 꿈은 뭘까?"

이 질문에 대답해 볼 수 있니?
사실, 이 질문은 어른들에게도 어려워.

어른이라고 해서 모두 자신에 대해 잘 아는 게 아니거든.
그럼 어떤 사람이 자신에 대해 잘 알고 있을까?
바로, 나 자신과 깊은 대화를 나누어 본 사람이란다!

하지만 우리는
수학 공부도 해야 하고,
영어 단어도 외워야 하고,
숙제도 해야 하고…
매일매일 바쁘게 살아가잖아?

나 자신과 대화하는 게 얼마나 중요한지 모른 채
하루가 지나고, 이틀이 지나고 나이를 먹지.
그렇게 20살, 30살이 되어도
내가 뭘 좋아하고, 뭘 하고 싶은지 모른 채 살아간다면
과연 행복한 인생을 살 수 있을까?

하랑쌤이 이 책을 쓴 이유는
더 많은 어린이들이 자기 자신과 대화하면서
일찍부터 나에 대한 전문가가 되길 바라기 때문이야.

하랑쌤은 사실 초등학생 때 친구가 많이 없었어.
부끄럼도 많고, 내향적인 성격이었거든.
그래서 매일 방에서 책을 읽으면서 혼자 질문하고 대답을 하곤 했지.

"너는 커서 어떤 사람이 되고 싶어?"
"너는 뭘 할 때 제일 행복해?"

그렇게 나 자신과 대화를 하다 보니,
나는 친구들에게 뭔가를 알려 주거나
어려움에 처한 친구를 도와줄 때 행복한 사람이라는 걸 알게 되었지!
그래서 친구들에게 더 많이 알려 주기 위해
책도 더 많이 읽고, 누가 시키지 않아도 스스로 공부할 걸 찾아서 열심히 배웠어.
이 책에 하랑쌤이 실제로 했던 고민들과
초등학교에서 제자들과 함께 나눈 질문들을 가득 담아 두었어.

중국 춘추전국시대의 유명한 책, 손자병법에는
지피지기백전불태(知彼知己百戰不殆)라는 말이 있어.
상대를 알고 나를 알면 백 번 싸워도 위태롭지 않다는 뜻이지.
나에 대해 잘 아는 사람은 어떤 상황에서도 현명한 선택을 내릴 수 있어.
자, 지금부터 하랑쌤과 함께
진정한 나를 찾아 떠나는 탐험! 시작해 볼까?
탐험의 끝자락에서는 나의 꿈이 조금은 선명하게 나타날 거야.

어린이의 꿈 찾기를 도와주는 하랑쌤이.

탐험 순서

1 성격의 섬

1 들어 봤니, MBTI?   10
2 외향형 E vs 내향형 I   12
3 감각형 S vs 직관형 N   14
4 감정형 F vs 사고형 T   16
5 판단형 P vs 인식형 J   18

2 취향의 섬

1 내가 좋아하는 과목은?   22
2 내가 좋아하는 놀이는?   24
3 내가 푹 빠진 책은?   26
4 내가 닮고 싶은 인물은?   28
5 나의 취미는?   30

3 사랑의 섬

1 우리 가족을 소개합니다   34
2 나는 엄마, 아빠 붕어빵   36
3 우리 가족이 어항 속에?   38
4 내가 좋아하는 친구   40
5 내가 좋아하는 선생님   42

4 감정의 섬 ①

1 설렘_ 그 몽글몽글한 순간   46
2 뿌듯함_ 내가 해냈어!   48
3 기쁨_ 마음이 통했잖아!   50
4 즐거움_ 시간 가는 줄 모르겠어!   52
5 편안함_ 포근한 이불 속 같아~   54

5 감정의 섬 ②

1 질투_ 사실은 건강한 마음?   58
2 미움_ 쟤는 진짜 왜 저럴까?   60
3 지루함_ 이걸 왜 해야 해?   62
4 두려움_ 롤러코스터 꼭대기에서   64
5 외로움_ 내 마음을 아무도 몰라줘   66

6 관심의 섬

① 개그맨일까, 유튜버일까?　　70
② 롤드컵도 스포츠일까?　　72
③ 만약 세상에 뉴스가 없다면?　　74
④ 세계 1위 부자는 누구일까?　　76
⑤ 에어컨은 누가 발명했을까?　　78
⑥ 세상에서 제일 유명한 그림은 뭘까?　　80
⑦ 감기에 걸리면 왜 열이 날까?　　82

7 직업의 섬

① 방송인_ 대중에게 즐거움을 주는 사람　　86
② 운동선수_ 신체의 한계에 도전하는 사람　　88
③ 언론인_ 중요한 정보를 전하는 사람　　90
④ 사업가_ 물건이나 서비스를 판매하는 사람　　92
⑤ 발명가_ 불편함을 개선하는 사람　　94
⑥ 예술가_ 아름다움을 추구하는 사람　　96
⑦ 의료인_ 아픔을 치료하는 사람　　98

8 현재와 미래의 섬

① '나' 사용 설명서　　102
② 내 꿈을 발표해요!　　104
③ 미래의 나는?　　106
④ 나의 가치관은?　　108
⑤ 나의 인생 로드맵　　110
⑥ 쓰는 대로 이루어지는 마법의 주문　　112

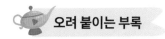

오려 붙이는 부록

쓰는 대로 이루어지는 마법의 주문　　115

꿈을 찾아 함께 떠날 친구들을 소개합니다!

나아름

차분하고 부끄럼 많은 어린이.
친한 친구에게만큼은 속마음을
털어놓는 털털한 면도 있다.

나다움

운동을 좋아하는 개구쟁이 어린이.
나아름의 쌍둥이 동생이지만 아름이를
한 번도 누나라고 부른 적이 없다.

최영재

아름이, 다움이와 같은 반 친구로
수학, 과학을 좋아하는 똑똑한 어린이.
책 읽고 탐구하는 시간이 제일 즐겁다.

오신기

세상에 신기한 것이 너무도 많은
호기심쟁이 어린이. 아름이와 단짝
친구로 궁금한 것은 못 참는다.

미션: 일곱 개의 보물섬을 탐험하여 보석을 하나씩 획득하라!
여덟 번째 섬에서 나를 찾으면 성공!

1 성격의 섬

"있잖아, 나 너무 슬퍼서 빵을 샀어."
"무슨 빵?"
"…. 너 혹시 T야?"

혹시 학교에서 이런 대화 들어 본 적 있니?

사람의 성격을 나타내는 용어, MBTI !
어떤 상황에서 그 사람이 주로 하는 생각이나 말, 행동을 '성격'이라고 해.
첫 번째 섬에서는 MBTI를 통해 나의 성격을 알아볼 거야.
그럼 출발해 볼까?!

들어 봤니, MBTI?

아름아, 너 MBTI가 뭐야?

응? 엠비… 뭐?

엥? 너 MBTI 몰라?

난 처음 들어 보는데?

으음… 있잖아 그게… 사람 성격을 나타내는 건데.. 아, 설명하려니까 어렵네!

칼 융 박사님이 사람의 성격을 16가지로 분류한 거야! 더 궁금하면 이 영상을 봐 봐.

등장!

오오! 와우!

MBTI ? 칼융의 성격 유형론

♦ 내 성격과 더 어울리는 동물에 ○ 해 보자.

사람 좋아하는 **강아지**	VS	혼자가 편한 **고양이**
E		**I**

현실적인 **여우**	VS	상상력 풍부한 **토끼**
S		**N**

공감해 주는 **돌고래**	VS	해결법부터 찾는 **앵무새**
F		**T**

계획을 세우는 **개미**	VS	상황에 따라 행동하는 **베짱이**
J		**P**

동물을 보며 나와 더 가까운 성격이 뭔지 떠올려 봐!

◆ 평소에 친구들과 가족이 말해 주는 내 성격에 대해 써 볼까?

예
어른들께
인사성이 밝다.

◆ 내 성격을 동물로 표현한다면, 어떤 동물과 비슷한 것 같아?
그렇게 생각한 이유는 뭐야?

동물 이름을 써도 좋고
동물 그림을 그려도 좋아.

😊 하람이 글

내 성격을 동물로 표현하면 호랑이 같아.
왜냐하면 겉으로는 무섭고 사나워 보이지만, 속은 사실 여리고 약하기 때문이지.
친구들이 내 속마음도 알아 주면 좋겠어.

11

2 외향형 E vs 내향형 I

◆ 아래 설명을 읽고 내 성격과 가까운 문장에 ✓ 해 보자.

E는 활발한 성격으로, 주로 사람들과 함께하면서 힘을 얻어.

☐ 나는 주말에 친구들, 가족들과 밖에서 놀고 싶어.
☐ 나는 반에서 다양한 친구들과 두루두루 친하게 지내.

I는 조용한 것을 좋아하며, 주로 혼자 있으면서 힘을 얻어.

☐ 나는 주말에 집에서 혼자 책을 읽거나 게임하고 싶어.
☐ 나는 반에서 단짝 친구 한두 명이 있어.

 E와 I가 섞여 있을 수도 있어.
그럴 때는 내가 어느 쪽에 더 가까운지 생각해 보면 좋아.

stage 2. 표현하기

주말에 즐거웠던 기억을 써 볼까?

주말에 즐겁게 하는 일을 그림으로 그려 보자.

stage 3. 질문하기

나는 E, I 둘 중에 어느 쪽에 가까워? 그렇게 생각한 이유는 뭐야?

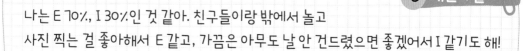

유빈이 글

나는 E 70%, I 30%인 것 같아. 친구들이랑 밖에서 놀고
사진 찍는 걸 좋아해서 E 같고, 가끔은 아무도 날 안 건드렸으면 좋겠어서 I 같기도 해!

감각형 S vs 직관형 N

stage l. 배경지식

★ 아래 설명을 읽고 내 성격과 가까운 문장에 ✔ 해 보자.

S는 눈에 보이는 대로 느끼고, 관찰하는 걸 좋아해!

☐ 사과를 보면 사과의 색깔이나 모양이 먼저 보여.
☐ 친구의 행동을 잘 관찰하고 어떤 성격인지 파악할 수 있어.

N은 보이는 것을 넘어, 상상하는 걸 좋아해!

☐ 사과를 보면 사과와 관련된 동화나 내 경험이 먼저 떠올라.
☐ 친구에게 '만약에'로 시작하는 질문을 자주 하는 편이야.

S와 N은 구분하기 좀 어려울 수 있어. 현실을 먼저 생각한다면 S,
이것저것 상상하기 좋아한다면 N이라고 생각해 봐.

◆ 아래 그림을 보고 떠오르는 생각을 써 볼까? 아래의 두 가지 생각 중 어느 쪽에 가까워?

S

"바닷가 파라솔 아래
튜브랑 공이 있네.
모래사장을 밟으면 뜨겁겠다."

관찰을 통해 판단해요.

N

"지난 방학 때 가족들이랑
바닷가에 여행 갔었는데.
또 가고 싶다~"

기억과 상상을 통해 판단해요.

stage 3. 질문하기

◆ 나는 S, N 둘 중에 어느 쪽에 가까워? 그렇게 생각한 이유는 뭐야?

😊 연석이 글

나는 N인 것 같아. 무서운 귀신 영화를 보고 나면 자기 전에 계속
귀신이 나오는 상상을 하고 악몽도 꾸기 때문이야! 으~ 지금도 무서워.

감정형 F vs 사고형 T

stage 1. 배경지식

◆ 아래 설명을 읽고 내 성격과 가까운 문장에 ✓ 해 보자.

F는 감정이 풍부하고, 마음과 관계를 중요하게 생각해.

☐ 울고 있는 친구를 보면 슬픈 감정에 먼저 공감해 줘.
☐ 친구와 사이가 나빠지는 걸 막기 위해 노력해.

T는 감정보다는 생각! 사실과 문제 해결을 중요하게 생각해.

☐ 문제가 생기면 어떻게 해결해야 할지 방법을 먼저 고민해.
☐ 친구의 장점이나 단점을 분석해서 이야기해 줘. 그래야 그 사람이 발전하니까.

 감정과 생각은 살아가면서 둘 다 꼭 필요해.
무엇이 더 좋고 나쁜 게 아니란다.

◆ 친구가 게임 시간 약속을 어기고 더 하려다가 엄마에게 엄청 혼났대.
속상해서 울고 있는 친구에게 뭐라고 말해 주고 싶어?

_____

_____

_____

F	T
"어휴, 속상하겠다. 나도 그래서 혼난 적 있어~ 엄마들은 왜 게임을 못하게 하실까?"	"내가 게임 시간 늘리는 방법 알려 줄까? 저녁 늦게 공부 열심히 하는 모습을 보여 드려 봐!"
감정에 공감해요.	**문제를 해결해요.**

◆ 나는 F, T 둘 중에 어느 쪽에 가까워? 그렇게 생각한 이유는 뭐야?

_____

_____

 연진이 글

나는 F인 것 같아. 친구가 울면 나도 같이 슬프고, 영화를 보다가
눈물이 날 때도 많거든. 친구들이 수도꼭지라고 놀릴 때도 있어.

5 판단형 J vs 인식형 P

★ 아래 설명을 읽고 내 성격과 가까운 문장에 ✔ 해 보자.

J는 꼼꼼한 성격으로, 목표와 계획을 잘 세우는 편이야!

☐ 숙제를 할 때 미리 시간 계획을 세워서 해.
☐ 생일 파티를 한다면 친구들과 뭘 하고 놀지 미리 생각해 둬.

P는 여유 있는 성격으로, 계획을 세우지 않고 즉흥적*으로 하는 편이야!

☐ 숙제를 할 때 보통 미리 하지 않고, 내야 할 시간 직전에 해.
☐ 생일 파티를 한다면 계획을 세우기보다 생일날 친구들에게 뭐 하고 싶은지 물어 보곤 해.

 즉흥적*이라는 건 그때그때 내 기분이나 느낌에 따라 행동하는 걸 의미해.

🪁 나는 숙제를 미리 하는 편이야, 아니면 최대한 늦추었다가 몰아서 하는
편이야? 그렇게 하면 좋은 점은 뭐야?

_____

_____

_____

🪁 숙제와 관련된 웃기거나 슬픈 경험을 그림과 글로 표현해 볼까?

_____

_____

_____

🪁 나는 J, P 둘 중에 어느 쪽에 가까워? 그렇게 생각한 이유는 뭐야?

_____

_____

🙂 예원이 글

나는 J인 것 같아. 학교 숙제나 학원 숙제가 있으면 미리 플래너에
써 놓고 언제 할지 생각해 두거든. 그런데 가끔 못 지킬 때도 있긴 해. 하하!

나는 누구 **?**

성격 단어 모아 모아!

나의 성격을 재미있게 정리해 보는 시간!
아래에서 내 성격을 나타내는 단어를 골라 빈칸에 써넣어 봐.

부지런함   게으름   밝음   따뜻함

친절함   멋짐   명랑함   무뚝뚝함

차분함   꼼꼼함   활발함   웃김   배려

{ 신이 나를 만들 때 }

어디 보자, 일단
_____
한 스푼!

_____도
넣어 주고!

_____도
좀 넣을까?

오호!
잘되어 가는군.

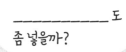

리워드 타임

내 성격을 알아냈니?
그렇다면 보석 1개를 획득한 거야.
리워드로 받은 보석을
빨강으로 색칠해 봐.

+1

REWARD

2 취향의 섬

포켓몬, 마이멜로디, 티니핑…
세상에는 귀여운 캐릭터가 왜 이렇게 많은 거야?

아, 너도 캐릭터 좋아한다고?
나랑 취향이 비슷하구나!

이렇게 좋아하는 마음이 생기는 방향을 취향이라고 해.
이번 시간에는 내가 특히 좋아하는 과목, 놀이, 책, 취미 등을 떠올리며
나의 취향을 알아보려고 해.

나는 잔망루피 캐릭터를 좋아해.

수학보다 미술을 더 좋아해.

넌 어떤 것들을 좋아하니?

뭐? 나랑 취향이 비슷하다고?

너에 대해 더 알고 싶어.

내가 좋아하는 과목은?

♦ 다움이와 영재의 말풍선을 상상해서 채워 볼까?

나는 체육이
제일 좋아!
왜냐하면,

_____

_____

ㄸ때문이지~!

나다움

최영재

나는 수학이
제일 좋아!
왜냐하면,

_____

_____

ㄸ때문이지~!

사람마다 좋아하는 과목, 싫어하는 과목은 다를 수 있어.
초등학생들은 내가 잘하는 과목을 좋아하는 경우가 많아. 자신감을 주거든!

◆ 내가 좋아하는 과목에 모두 ○ 해 볼까?

> 국어 수학 사회 과학 영어
> 음악 미술 체육 도덕

◆ 다른 친구들도 내가 좋아하는 이 과목을 좋아해 주면 좋겠어.
과목 입장이 되어 나를 소개해 봐.

교과서

안녕, 나는 _____ (이)라고 해.

_____

_____

😊 윤우 글

안녕, 나는 과학이라고 해. 나를 배우면 멋진 로봇도 만들 수 있고
나중에 발명가도 될 수 있어. 내가 어렵다고? 쉽게 알려 줄게. 같이 손잡고 가자.

◆ 내가 학교 수업에 한 과목을 마음대로 만들 수 있다면 무슨 과목을
만들고 싶어? 그 이유는 뭐야?

2 내가 좋아하는 놀이는?

stage I. 경험 떠올리기

★ 친구들과 함께하는 놀이에는 뭐가 있을까? 나는 뭐 하고 노는 것을 좋아해?

☐ **땀이 나는 신체 놀이:** 축구, 술래잡기, 달팽이 놀이, 춤추기	☐ **머리 쓰는 두뇌 놀이:** 할리갈리, 카드 게임, 끝말잇기, 마피아 게임
☐ **손끝으로 하는 조작 놀이:** 그림 그리기, 다이어리·포토 카드 꾸미기, 종이접기	☐

 쉬는 시간이나 학교 끝나고 친구들이랑 뭘 하고 노는지 잘 생각해 봐.

◆ 내가 좋아하는 놀이를 세 문장으로 설명하고, 가족이나 친구에게 퀴즈를 내 봐.

1 _____

2 _____

3 _____

놀이 이름은? _____

◆ 내가 직접 새로운 놀이를 만든다면? 이름도 짓고 놀이 방법도 설명해 보자.

_____

_____

_____

😊 시우 글

보물찾기 놀이: 술래가 30초 동안 눈을 가리고 있을 때 물건 하나를 숨겨 두면, 술래가 눈을 떠 찾는 놀이야. 번갈아 가면서 하고 더 빨리 찾은 사람이 이기는 거지. 술래가 물건 가까이 가면 박수 소리로 힌트를 줘도 좋을 것 같아.

3 내가 푹 빠진 책은?

★ 내가 읽어 본 책의 장르*에 모두 ✓ 해 보자.

☐	☐	☐
학습 만화: WHY, 마법천자문, 살아남기	**그림책:** 구름빵, 강아지똥, 수박 수영장	**창작 동화:** 전천당, 해리포터, 똥볶이 할멈
☐	☐	☐
생태 동화: 나는 3학년 2반 7번 애벌레, 날아라 삑삑아	**백과:** 동물 대백과, 곤충 대백과	

책의 장르*라고 할 때, '장르'는 프랑스어로 책의 갈래를 의미한단다.

◆ 내가 제일 재미있게 읽은 책의 표지를 그리고, 내용을 간단히 소개해 볼까?

◆ 누구누구에게 이 책을 추천해 주고 싶어?

◆ 내가 작가가 된다면, 어떤 장르의 책을 쓰고 싶은지 ○ 해 봐.

학습 만화   그림책   창작 동화   생태 동화   백과   _____

◆ 내가 쓰고 싶은 책의 주제는 뭐야?

☺ 채영이 글

창작 동화를 쓸래. 나는 초등학교 어린이들이 겪는 공부 스트레스에
대해 쓰고 싶어. 학원을 여러 개 다니는 건 힘든데, 그렇다고 공부에서 뒤처지고
싶지는 않은 어린이들의 이야기!

27

내가 닮고 싶은 인물은?

◆ 존경하거나 멋져 보여서 내가 닮고 싶은 사람에게 모두 ✓ 해 보자.

☐	☐	☐
우리나라 위인: 세종 대왕, 유관순, 정약용, 김구	**세계 위인:** 에디슨, 퀴리 부인, 마틴 루터 킹	**아이돌:** BTS, 아이브, 뉴진스, TXT, 엑소
☐	☐	☐
운동선수: 손흥민, 류현진, 안세영, 박인비	**방송인:** 유재석, 오프라 윈프리, 장도연, 신동엽	

닮고 싶은 사람이 여러 명일 수도 있어. 보기에서 모르는 사람은 누구인지 검색해 보고, 보기에 없는 사람은 직접 써 봐.

28

✦ 요즘 내가 닮고 싶은 사람들 이름을 써 봐.

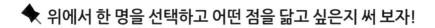

✦ 위에서 한 명을 선택하고 어떤 점을 닮고 싶은지 써 보자!

✦ 어떤 친구가 나를 닮고 싶대. 나의 어떤 점을 닮고 싶다고 했을까?
내 모습을 그리고 써 보자.

😊 민준이 글

나는 친구가 많아! 친구들이랑 두루두루 잘 지내는 점을 닮고 싶다고
했을 것 같아. 친구를 많이 사귀려면 친구의 장점을 말해 주고, 이야기를 잘 들어주면 돼!

29

5 나의 취미는?

stage I. 경험 떠올리기

🔷 요즘 초등학생들의 다양한 취미 생활! 내가 즐기는 취미에 ○ 하면서
빙고 게임을 해 볼까? 빈칸은 직접 채워 줘.

축구	찰흙 놀이	책 읽기	킥보드 타기
자전거	춤추기	노래하기	농구
영화 보기	모루 인형 만들기	그림 그리기	배드민턴
요리하기	게임하기		

취미란 즐겁기 때문에 하는 거야! 오로지 즐거움이 느껴지는 시간이지.

◆ 취미가 같은 사람들끼리
   함께 활동하는 모임을
   '동아리'라고 해.
   내가 동아리를 만든다면?
   동아리 소개
   포스터를 그려 보자!

◆ 네 취미를 소개해 줘. 그 취미가 있으면 좋은 점이 뭐야?

◆ 취미 활동을 함께하고 싶은 사람이 있어?
   그 사람과 함께하고 싶은 이유는 뭐야?

😊 시현이 글

내 취미는 그림 그리기인데, 그림을 그릴 때는 내가 꿈꾸는 대로
다 그릴 수 있어서 행복해. 취미가 있으면 스트레스가 풀려서 좋은 것 같아.
그런데 언니랑 함께하면 더 좋아. 언니는 그림을 나보다 잘 그리거든!

취향 밸런스 게임!

'취향'은 사람마다 다르니까 서로 존중해 줘야 해.
내 취향에 가까운 쪽으로 부등호 표시를 해 보자.

예시

나는 탕수육 찍먹파이다. [>] 부먹파이다.

그 이유는 바삭바삭한 식감을 좋아하기 때문이다.

*찍먹: 소스에 찍어먹는 것 | *부먹: 소스를 부어 먹는 것

1 나는 단짠단짠이 좋다. [ ] 맵단맵단이 좋다.

그 이유는 _____

*단짠단짠: 단 음식, 짠 음식 | 맵단맵단: 매운 움식, 단 음식

2 나는 여름이 좋다. [ ] 겨울이 좋다.

그 이유는 _____

3 나는 모바일 게임이 좋다. [ ] 보드게임이 좋다.

그 이유는 _____

리워드 타임
내 취향을 알아냈니?
그렇다면 리워드 1개 추가!
획득한 보석을
주황으로 색칠해 봐.

3 사랑의 섬

'나는 어떤 사람일까?'

나를 가장 쉽게 알 수 있는 방법이 뭔지 알아?
바로 내 주변 사람들을 둘러보는 거야!

나의 가족, 친구, 선생님…
내가 사랑하는 사람들을 관찰하다 보면
나에 대해 더 구석구석 잘 알게 될 거야.

나는 엄마, 아빠랑
대화를 정말 많이 해.

학교에서
있었던 일을
다~ 이야기하지.

친구들에게
내 비밀도 잘 털어놓는
편이야.

너는 누구와
이야기할 때
가장 편하니?

1 우리 가족을 소개합니다

◆ 가족이란 무엇일까? 내 생각과 가까운 순서대로 번호를 써 봐.

| | 같은 집에 함께 사는 사람들 | | 나와 같은 핏줄로 연결된 사람들 |

| | 서로 의지하고 사랑하는 존재

◆ 우리 가족을 한 명씩 소개할 때 무엇을 알려 주고 싶어? 모두 ✓ 해 보자.

☐ 직업   ☐ 나이   ☐ 외모   ☐ 성격   ☐ 잘하는 것   ☐ 좋아하는 것

☐ 싫어하는 것   ☐ 나와 있었던 웃긴 사건   ☐

 가족이란 어떤 존재인지 나의 생각을 자유롭게 이야기해 보자.

◆ 가족 사진을 그리고, 한 명 한 명 소개해 보자.

우리 가족에는

 하율이 글

우리 가족에는 엄마, 아빠, 나, 그리고 강아지 호두와 마루가 있어.
우리 엄마는 엄청 예쁘고 요리를 잘하셔. 아빠는 나랑 잘 놀아 주시는데 엄마가 아들 둘을 키우는 것 같다고 하셔. 호두랑 마루는 산책을 좋아하는 푸들이야.
엄청 귀여워서 친구들이 우리 집에 놀러 오곤 해!

◆ 반려동물도 가족일까? 그렇게 생각하는 이유는 뭐야?

우리 집에서 키웠거나
키우거나 키우고 싶은 동물 이름

반려동물은 (가족이다. | 가족이라고 할 수 없다.)
왜냐하면

2 나는 엄마, 아빠 붕어빵

◆ 만화 내용을 보고 친탁, 외탁의 뜻을 추측해서 써 봐.

친탁 _____   외탁 _____

'친가', '외가'라는 말 들어 봤지?
아빠 쪽 친척 일가를 '친가',
엄마 쪽 친척 일가를 '외가'라고 해.
생김새나 체질, 성격이
친가 쪽을 닮으면 친탁,
외가 쪽을 닮으면 외탁이라고 하지.

stage 2. 표현하기

◆ 나의 외모, 성격은 엄마, 아빠 중 누구를 더 닮았어? 어떤 면에서 그래?

외모:

성격:

외모: 엄마. 나도 엄마처럼 쌍까풀이 있고 눈이 큰 편이야!
성격: 아빠. 나도 아빠처럼 활발하고 달리기를 좋아해!

stage 3. 질문하기

◆ 엄마, 아빠에게 닮고 싶은 점은 뭐야?

엄마에게
닮고 싶은 점

아빠에게
닮고 싶은 점

3 우리 가족이 어항 속에?

stage I. 경험 떠올리기

◆ 다움이처럼 부모님께 섭섭했던 경험이 있니? 어떤 일이었어?

_____

_____

◆ 반대로, 부모님께 감사했던 경험이 있니? 어떤 일이었어?

_____

_____

_____

 섭섭하고 속상했던 경험이 있다고 해서 꼭 나쁜 관계는 아니야. 하지만 나의 마음을 잘 살펴줘야 해.

◆ 우리 가족을 어항 속 물고기로 표현해 볼까?
　물고기들이 꼭 무엇인가를 하고 있는 모습으로 그려야 해.

◆ 위 어항 그림은, 미술 심리 검사의 한 방법이야.
　내가 그린 그림을 보면서 질문에 대답하고 큐알로 영상을 확인해 봐.

1 물고기 가족은 무엇을 하고 있나요? [　　　　　　　　　　　　　　　　]

2 물고기들은 각자 무슨 생각을 하고 있나요? [　　　　　　　　　　　　　　]

3 이 가족의 분위기는 어떤가요? [　　　　　　　　　　　　　　　　　　]

4 이 물고기 가족은 앞으로 어떻게 될 것 같나요? [　　　　　　　　　　　　]

5 가족이 더 행복해지려면 어떤 점이 필요할까요? [　　　　　　　　　　　　]

내가 좋아하는 친구

stage 1. 경험 떠올리기

◆ '친구' 하면 가장 먼저 떠오르는 이름을 써 봐.

◆ 그 친구랑 어떻게 친해졌어? 기억나는 대로 말해 봐.

◆ 친구와 무엇을 함께할 때 가장 즐겁니?

 누가 단짝 친구인지 고민된다면 최근에 즐겁게 놀았던 친구를 떠올려 봐!

◆ 친구와 즐거웠던 경험을 사진에 그리고, 언제의 어떤 장면인지 써 봐.

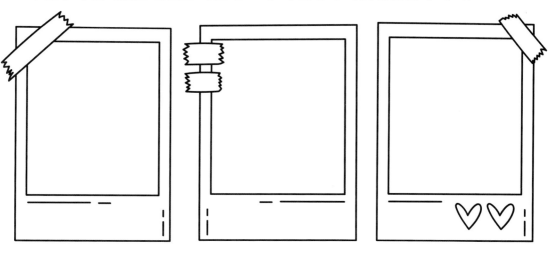

◆ 나는 친구들에게 어떤 친구로 여겨질 것 같아? 그 이유는 뭐야?

나는 친구들에게 [   ] 친구일 것 같아.

왜냐하면

😊 연서 글

나는 친구들에게 [소심하지만 이야기를 잘 들어주는] 친구일 것 같아.
왜냐하면 나는 목소리도 작고 하고 싶은 말은 잘 못하지만,
친구들이 나한테 비밀 얘기를 많이 하거든.

5 내가 좋아하는 선생님

◆ 선생님께 혼나서 속상했던 적이 있니?

◆ 선생님이 혼내신 이유는 뭐였어?

◆ 내가 만약 만화 속 선생님이었다면, 어떻게 했을 것 같아?

☐	☐	☐
무섭게 혼낸다.	부드럽게 타이른다.	학생이 뛰든 말든 그냥 간다.

 선생님께 혼난 경험이 없는 친구들도 있을 거야.
다른 친구가 혼나는 걸 봤던 경험을 떠올려 보자.

◆ 내가 만났던 선생님들 중 가장 좋았던 선생님의 특징을 3가지 써 볼까?

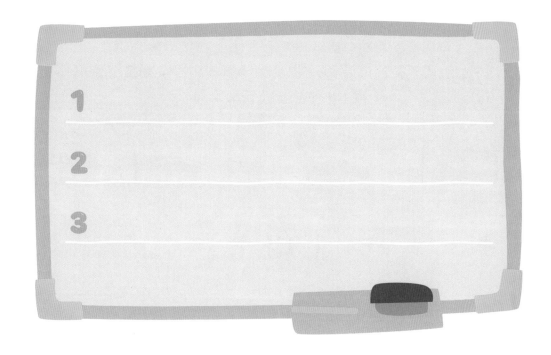

1

2

3

◆ 만약 내가 선생님이 된다면, 어떤 학생을 좋아할 것 같아?

내가 만약 선생님이 된다면, [   ] 학생을 좋아할 것 같아.

왜냐하면

😊 위빈이 글

내가 만약 선생님이 된다면, [인사를 잘하는]학생을 좋아할 것 같아.
왜냐하면 우리 부모님은 예의가 모든 것의 기본이라고 하셨거든.
예의 바른 학생은 뭘 해도 잘하지않을까?

나의 소중한 사람들

텔레비전에서 '인물 관계도'를 본 적 있니?
주인공을 중심으로 주변 인물들을 소개해 주는 거야.
내 인생의 주인공인 나를 중심에 놓고, 주변 사람들을 쓰고 그린 다음
그 사람들의 장점을 한 줄로 소개해 봐.

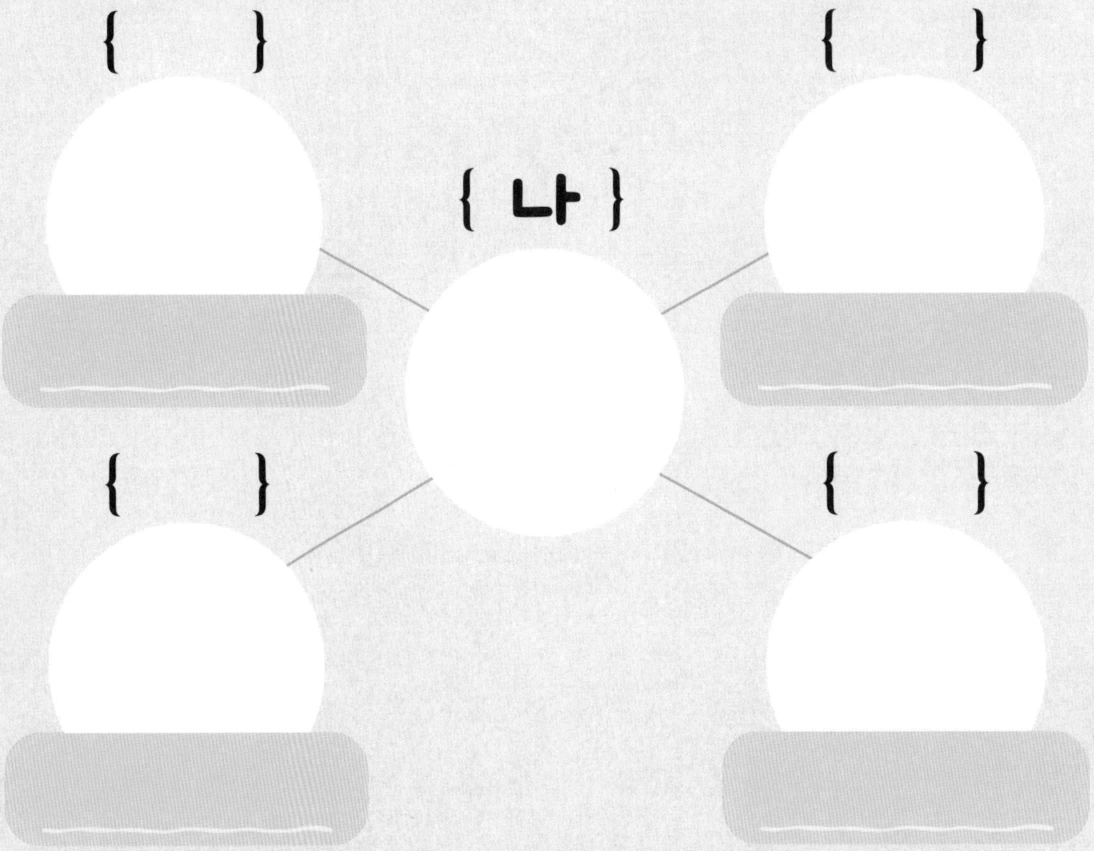

{ } { }

{ 나 }

{ } { }

리워드 타임

내가 사랑하는 사람들을
알아보았니?
그렇다면 리워드 1개 추가! 획득한
보석을 노랑으로 색칠해 봐.

+1

REWARD

4 감정의 섬 ①

영화 '인사이드 아웃'에 보면 우리 마음속에는
다양한 감정들이 있어!
기쁨이, 버럭이, 슬픔이….
어떤 상황에서 어떤 감정들이 팡! 하고 등장할까?

기분 좋은 감정들이 어떤 순간에 느껴졌는지
함께 떠올려 보자.
그 감정들은 내 삶에서 밝은 면이 되어 줄 거야.

나는 과학 잡지를 읽을 때
즐거워서 시간 가는 줄
모르겠어.

수학 시험에서
100점 맞았을 땐
정말 뿌듯했지.

친구들이 나에게
수학 문제를 물어보면
어깨가 으쓱해.

너는 언제 가장 기쁜
마음이 들어?

설렘_ 그 몽글몽글한 순간

설레다 마음이 가라앉지 아니하고 들떠서 두근거리다.

★ 무언가 기대하며 두근거렸던 경험이 있니?
내가 설렜던 순간에 모두 ✔ 해 보자.

☐	☐	☐
좋아하는 친구와 짝이 됐을 때	가족과 놀이공원에 가기로 했을 때	친구들과 생일 파티를 하기로 했을 때

☐	☐	☐
크리스마스 전날, 무슨 선물을 받을까 기대할 때	운동 대회에 출전했을 때	

 사람들마다 설레는 순간이 다를 수 있어. 내가 설렜던 순간을 떠올려 보자.

stage 2. 표현하기

◆ 내가 가장 설렜던 순간을 말해 줘.

_____

◆ 내가 가장 설렜던 순간을 시로 표현해 볼까?

_____

_____

_____

> **☺ 하엘이 시**
>
> 콩닥콩닥 내 마음
> 내일은 소풍날
>
> 두근두근 내 마음
> 비가 오면 어쩌지?

▶

stage 3. 질문하기

◆ 우리 부모님은 언제 가장 설레셨을까?
   부모님께 여쭤보고, 그 이유를 추측해서 써 보자.

> 우리 부모님께서
> 설렜던 순간은

_____

> 그 이유는

_____

2 뿌듯함_ 내가 해냈어!

stage I. 경험 떠올리기 **뿌듯하다** 기쁨이나 감격이 마음에 가득 차서 벅차고 보람되다.

◆ 다움이처럼 노력해서 목표를 이루었던 뿌듯한 경험을 떠올려 봐.
어떤 목표를 이루었어?

_____

◆ 그 목표를 이루기 위해 어떤 노력을 했니?

_____

_____

 목표의 크기는 사람마다 달라. 모든 목표는 소중하고 의미 있단다.

◆ 스스로 노력해서 목표를 이루었던 뿌듯한 순간을 그림일기로 표현해 볼까?

☀️ ⛅ ☂️ ⛄

😊 강우 글

드디어 줄넘기 쌩쌩이
10개를 성공했다!
처음엔 한 개밖에 못했는데,
매일 저녁마다 연습했더니
2주일 만에 해냈다.
너무 뿌듯했다~!

◆ 친구가 수학 시험을 망친 뒤 정말 열심히 공부했어.
그런데 최선을 다했는데도 다음 시험에서 똑같은 점수를 받은 거야.
실망한 친구에게 뭐라고 말해 주고 싶어?

3 기쁨_ 마음이 통했잖아!

기쁘다 기쁨이나 감격이 마음에 가득 차서 벅차고 보람되다.

◆ 기쁜 감정은 다양한 순간에 찾아와.
아래 상황들 중에 기뻤던 순간에 모두 ✔ 해 보자.

□ 게임에서 레벨 업 했을 때	□ 가족이나 친구와 맛있는 걸 먹을 때	□ 친구와 좋아하는 아이돌이 같은 걸 알았을 때
□ 좋아하는 노래에 맞춰 춤출 때	□ 좋아하는 만화영화를 볼 때	□

 기쁨에는 소소하고 작은 기쁨도 있고,
엄청 큰 기쁨도 있어. 내가 웃고 있을 때를 떠올려 봐.

50

stage 2. 표현하기

◆ 친구와 함께했던 순간 중 기뻤던 순간을 설명해 볼까?

◆ 함께해서 기뻤던 순간을 떠올리며 친구에게 편지를 써 보자.

stage 3. 질문하기

◆ 기쁜 순간 나의 얼굴 표정은 어떨까? 그림으로 그리고, 특징을 설명해 봐!

즐거움_ 시간 가는 줄 모르겠어!

즐겁다 마음에 거슬림이 없이 흐뭇하고 재미있고 기쁘다.

📌 학교 수업 중에 유난히 시간이 빨리 가는 과목이 있니?
우리가 즐거움을 느낄 때는 시간이 빨리 가는 것처럼 느낀단다.
그걸 '몰입'이라고 하는데, 사람마다 몰입하는 순간이 달라.
내가 느끼기에 시간이 빨리 가는 순서대로 써 볼까?

| 1 친구와 놀 때 | 2 게임할 때 | 3 책을 읽을 때 |

☐ — ☐ — ☐

내가 언제 즐거운지, 언제 시간이 빨리 가는지 아는 건 매우 중요해!

stage 2. 표현하기

◆ 5문 5답! 나에 대한 질문에 바로 떠오르는 대답을 써 보자.

1 학교 수업 중 가장 시간이 빨리 가는 과목은?

2 하루 중 내가 가장 기분 좋은 시간은?

3 24시간 동안 자유가 주어진다면, 내가 하고 싶은 것은?

4 같이 있을 때 가장 시간이 빨리 가는 사람은?

5 살면서 가장 즐거웠던 순간은?

stage 3. 질문하기

◆ 즐거운 마음을 물건에 빗대어 표현한다면? 그 이유는?

즐거운 마음은 마치 [   ] 같다.

왜냐하면

찬이 글

즐거운 마음은 마치 [탱탱볼] 같다. 왜냐하면 엄청 높이 튀어 오를 만큼 즐겁기 때문이다. 탱탱볼이 튀면서 점점 높이는 낮아지지만 계속 즐거운 마음이 이어진다.

5 편안함_ 포근한 이불 속 같아~

stage I. 경험 떠올리기 **편안하다** 편하고 걱정 없이 안락하고 포근하며 좋다.

★ 집에서 편안함을 느끼는 나만의 장소가 있니?
편안한 상태란 잔잔한 호수처럼, 마음이 일렁이지 않고 잔잔한 상태를 말해.
매우 좋은 감정 상태인 거지. 아래에서 편안함을 느끼는 상황에 ✔ 해 보자.

☐ 주말에 실컷 늦잠을 자고 일어났을 때	☐ 수업이 재미없어서 하품이 나올 때	☐ 부모님과 누워서 도란도란 얘기할 때
☐ 소파에 기대 앉아 좋아하는 만화 볼 때	☐	

 편안함과 지루함은 달라. 편안할 때는 입가에 미소가 살짝 지어진단다.

54

stage 2. 표현하기

◆ 내 마음이 가장 편안해지는 장소, 나만의 아지트를 그리고, 소개해 줘.

stage 3. 질문하기

◆ 위의 장소에 있으면 내 마음이 편안해지는 이유를 설명해 볼까?

지호 글

나는 내 책상 밑에 이불을 여러 겹으로 깔고 쪼그려 앉아 있을 때
편안한 느낌이 들어. 여기 들어가 있으면 뭔가 안전한 기분이 들어서 편안한 것 같아.
그리고 가족들이 모르는 나만의 공간 같아서 더 아늑하고 좋아!

감정은 어떤 색일까?

아래의 감정 낱말은 어떤 색과 어울린다고 생각해?
내가 생각하는 색깔과 낱말을 선으로 이어 줘. 생각은 모두 다를 수 있어.

설렘 **뿌듯함** **기쁨** **즐거움** **편안함**

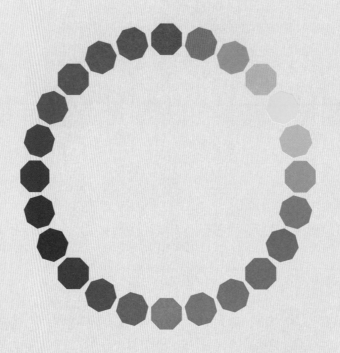

질투심 **미움** **지루함** **두려움** **외로움**

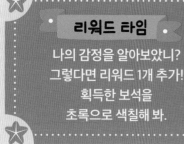

리워드 타임

나의 감정을 알아보았니?
그렇다면 리워드 1개 추가!
획득한 보석을
초록으로 색칠해 봐.

+1

REWARD

5 감정의 섬 ②

만약 이 세상에 부정적인 감정은 하나도 없고,
기분 좋은 긍정적인 감정만 있으면 어떨까?

하지만 슬픔이 있기에 기쁨도 있다는 사실!
부정적인 감정들도 다 중요한 역할이 있다고 해.
질투, 미움, 슬픔…. 이 감정들이 내 삶에서
어떤 중요한 역할을 하는지 함께 알아볼까?

으휴, 난 공부만
하려고 하면
너무 지루해.

엄마가
아름이만 칭찬하실
때가 있거든.
그때 질투가 나고
다 미워.

그리고 사실 나도
외로울 때가 있어!

너희는
어때?

질투_사실은 건강한 마음?

질투하다 다른 사람이 잘되는 것을 미워하고 시샘하다.

◆ 다른 사람에게 질투를 느낀 적이 있니? 내가 질투를 느꼈던 사람의 특징을 나타내 보자. 외모, 성격, 능력, 인기 등 특징을 써 봐.

 질투는 내가 못나서 느끼는 감정이 아니야. 인간의 본능이라고 할 수 있지.

◆ 천사와 악마의 질투를 비교하고 아래 질문에 답해 봐.

나는 수학 80점인데,
연우는 매번 100점이네.
그래, 조금 더 노력해서 다음 시험은
연우보다 더 잘 볼 거야!

연우는 공부도 많이 안 하는 것
같은데 시험은 나보다 잘 봤네?
질투가 나서 참을 수가 없어!
공부를 방해해야겠어!

1 천사와 악마의 질투 중 어느 쪽이 나에게 도움이 될까?

_____

2 나는 악마와 천사 중 누구와 더 가까운 것 같아? 아래 수직선에 표시해 보자.

 악마 ————————————————— 천사

◆ '질투는 나의 힘'이라는 제목의 유명한 시가 있어.
질투가 좋은 거라고 생각해, 아니면 나쁜 거라고 생각해?
그렇게 생각하는 이유가 뭐야? 둘 다 써도 좋아.

질투는 좋은 감정이야! 왜냐하면,	질투는 나쁜 감정이야! 왜냐하면,

2 미움_쟤는 진짜 왜 저럴까?

밉다 모양, 생김새, 행동 따위가 마음에 들지 않고 싫다.

◆ 친구가 미웠던 경험이 있니? 그 친구의 특징을 간단하게 써 볼까?

외모

행동

 미운 친구가 없었다면, 다른 친구들이 미워했던 친구를 떠올려 봐.

stage 2. 표현하기

◆ 천사와 악마의 미움을 비교하고 아래 질문에 답해 봐.

다움이도 저런 행동을 하는
이유가 있지 않을까?
나는 다른 친구들을 놀리면서
상처 주지 말아야겠다.

나도 똑같이 미운 행동을 해 줄 거야.
나도 다움이를 못생긴 감자라고
놀려야지! 저런 애들은 당해 봐야
정신을 차린다고!

1 천사와 악마의 미움 중 어느 쪽이 나에게 도움이 될까?

_____

2 나는 악마와 천사 중 누구와 더 가까운 것 같아? 아래 수직선에 표시해 보자.

 악마 ——————————————————————— 천사

stage 3. 질문하기

◆ 만약 다움이가 계속 놀리는 행동을 한다면, 뭐라고 이야기해야
   다움이의 행동이 바뀔 수 있을까?

다움아,

_____

◆ 그렇게 말하면 왜 이 친구의 행동이 바뀔 거라고 생각해?

_____

_____

3 지루함_이걸 왜 해야 해?

stage I. 경험 떠올리기 **지루하다** 같은 상태가 오래 계속되어 따분하고 싫증이 나다.

⭐ 지루한 순간은 사람마다 다를 수 있어.
내가 지루하게 느끼는 순간에 모두 ✔ 해 봐.

☐	☐	☐
글씨 쓰는 게 많은 국어 시간	계산 문제를 푸는 수학 시간	집에서 숙제를 할 때

☐	☐	☐
아빠가 이해하기 어려운 뉴스를 보실 때	가족들 없이 나 혼자 집에 있어서 심심할 때	

 지루할 때는 시간이 느리게 가고, 몸을 배배 꼬면서 집중하기가 어렵지 않니?

stage 2. 표현하기

◆ 지루함을 느끼는 순간이 사람마다 다 다른 이유는 뭐라고 생각해?

_____

_____

◆ 지루한 순간을 버티는 나만의 꿀팁이 있다면? 그림과 짧은 글로 설명해 줘.

_____

_____

_____

stage 3. 질문하기

◆ 인라인스케이트를 재미있게 타려면 초반에 길고 지루한 기본기 연습 시간이 꼭 필요해. 만약 지루함을 견디지 못하면 어떤 결과가 생길까?

만약 지루함을 견디지 못하면, _____

왜냐하면 _____

😊 **태영이 글**

만약 지루함을 견디지 못하면 결국 인라인스케이트를 탈 줄 모르는 아이가 되고 말 거야. 왜냐하면 어느 정도 연습이 쌓여야만 잘 탈 수 있기 때문이지!

두려움_롤러코스터 꼭대기에서!

stage 1. 경험 떠올리기 **두렵다** 어떤 대상을 무서워하여 마음이 불안하다.

★ 롤러코스터 꼭대기에서처럼 두려웠던 순간이 있니?
아래에서 내가 두려웠던 순간에 모두 ✔ 해 봐.

☐ 친구들 앞에서 발표할 때	☐ 두발자전거를 처음 혼자 탈 때	☐ 달리기 시합에서 출발하기 직전에
☐ 병원에서 주사를 맞으려고 준비할 때	☐ 시험 시간, 시험지를 받기 직전에	☐

 두려운 순간을 피하지 않고 잘 이겨 낸다면, 그 다음엔 용기가 생길 거야.

stage 2. 표현하기

◆ 내가 가장 두려웠던 순간을 그림일기로 표현해 볼까?

stage 3. 질문하기

◆ 두려운 순간의 선택은 둘 중 하나야. 피하거나, 이겨 내거나!
  두 가지 선택 중 어떤 게 더 좋다고 생각해? 그 이유는 뭐야?

나는 두려운 순간을 (피하는 | 이겨 내는) 게 더 좋다고 생각해.

왜냐하면

☺ 연우 글

나는 두려운 순간을 이겨 내는 게 더 좋다고 생각해.
왜냐하면 나는 물이 무서웠지만 참고 수영을 배우니까 워터파크에서 훨씬
재미있더라고. 두려움은 잠깐인데 이겨 내면 두고두고 즐거운 것 같아.

5 외로움_내 마음을 아무도 몰라줘

외롭다 홀로 되거나 의지할 곳이 없어 쓸쓸하고 적적하다.

📌 나만 혼자인 것 같아 외로움을 느꼈던 순간이 있니?
초등학생이 외로움을 느끼는 순간 BEST 5에서 공감되는 항목에 ✓ 해 보자.

> ### 초등학생이 외로운 순간 BEST 5
> ☐ 친구들이 나 빼고 어울려 놀 때
> ☐ 주말에 아무도 나를 안 찾을 때
> ☐ 아픈데 가족들, 친구들 아무도 내 걱정을 안 할 때
> ☐ 생일을 혼자 보낼 때
> ☐ 배고픈데 먹을 음식이 없을 때

 혼자 있다고 다 외로운 건 아니야. 혼자 있는 걸 좋아하는 사람도 있단다!

◆ 미국의 신경 과학자 존 카시오포는 인간이 외로움을 느끼도록 진화했다고 해. 외로움을 느끼는 것에도 장점이 있을까? 왜 그렇게 생각해?

장점이 (있다고 | 없다고) 생각해. 왜냐하면

다온이 글

장점이 있다고 생각해.
왜냐하면 외롭지 않기 위해 친구들에게 더 잘해 주고 다가갈 거니까!
그러면서 성격이 좋아질 수 있다고 생각해.

◆ 친구가 아무리 많아도, 속마음까지 이야기할 수 있는 친구가 없으면 사람은 외로움을 느낀다고 해. 믿음직한 친구의 성격을 3가지 써 볼까?

1

2

3

◆ 나는 다른 친구들에게 믿음직한 친구일까? 왜 그렇게 생각해?

어린이들이 제일 좋아하는 순간
VS
어린이들이 제일 싫어하는 순간

아래의 신문을 읽고, 나는 어떤 순간을 좋아하고
어떤 순간을 싫어하는지 적어 보자.

서사원 신문

어린이날을 기념해 전국 1천 명의 초등학생 4~6학년을 대상으로 자신이 좋아하는
순간과 싫어하는 순간에 대한 온라인 설문을 시행했다. 그 결과 가장 행복했던 순
간을 묻는 질문에 '부모님과 함께 놀러 갔을 때'(45.8%)라고 답한 비율이 가장 높았
다. 어린이들의 가장 큰 고민은 '학업에 관한 것'(37.7%)이었다.

 좋아하는 순간   싫어하는 순간

좋아하는 순간	싫어하는 순간
1	1
2	2
3	3

 리워드 타임

나의 감정을 알아보았니?
그렇다면 리워드 1개 추가!
획득한 보석을
파랑으로 색칠해 봐.

 +1

6 관심의 섬

혹시 평소에 내 머릿속에 떠오르는 질문들을
검색하거나 메모해 본 적 있니?

내가 궁금한 것들은 곧 나의 관심사이기도 하고,
나만의 특장점으로 연결되기도 해!

초등학생들이 많이 물어보는 질문에 함께 답하면서
나의 관심 분야를 알아보자.

얼마 전에 폭설이
내렸어. 날씨는 어떻게
예측하는 걸까?

세상에 뉴스가
없으면 어떨까?

나와 비슷한
호기심이 생긴 적
있니?

세상에는
궁금한 게
참 많아.

1 개그맨일까, 유튜버일까?

개그 콘서트 폐지 후, 개그맨들은 왜 다 유튜브로 갔을까?

주말 인기 프로그램 개그 콘서트가 폐지되었다. 그 많던 개그맨들은 다 어디로 갔을까? 바로 유튜브다. 유튜브에서는 그들이 원하는 세계관을 만들고 자유롭게 개그를 할 수 있기 때문이다. 사람들을 웃게 만드는 개그 채널들의 구독자가 빠르게 늘고 있다.

◆ 유튜브를 하는 개그맨들은 직업이
유튜버일까, 개그맨일까, 둘 다일까?

최근에는 여러 직업을 함께 하는 사람들이 많아졌어. 직업을 한 가지만 가져야 한다는 생각은 편견이란다.

stage 2. 표현하기

◆ 흐린 글자를 따라 쓰면서 각각의 특징을 알아보고, 세 직업의 공통점을 써 봐.

차이점

배우	개그맨	MC
드라마나 영화에서 캐릭터를 연기 한다.	사람들에게 웃음을 준다.	쇼나 오락 프로그램의 사회를 맡는다.

공통점

1 모두 대중에게 사랑받는 직업이다.

2 _____ ▶

stage 3. 질문하기

◆ 즐겨 보는 유튜브 채널이 있니? 간단히 소개해 줘.

채널 이름 : _____

소개 : _____

좋아하는 이유 : _____

☺ 수혁이 글

채널 이름: 슈뻘맨
소개: 슈퍼 뻘짓을 한다고 해서 슈뻘맨이라고 해.
좋아하는 이유: 엄청 웃기고 신기하고 재미있어. 친구들도 꼭 봤으면 좋겠어.

롤드컵도 스포츠일까?

stage l. 배경지식

'다독+겸손' 245억 연봉 거절한 페이커

리그 오브 레전드(LOL) 게임 프로게이머 페이커(이상혁) 선수가 중국의 연봉 245억 스카웃 제의를 거절해 화제다. 페이커는 네 번의 롤드컵에서 우승해 롤 역사 상 가장 뛰어난 프로게이머로 꼽힌다. 페이커는 게임을 잘할 수 있는 자신만의 방법으로 독서를 꼽았다. 그는 우승보다는 자신의 성장을 목표로 한다고 밝혔다.

◆ e스포츠에 대해 아래의 글을 읽어 보고 알았다는 뜻으로 ✔ 해 봐.

☐ 온라인에서 열리는 게임 대회를 'e스포츠'라고 부른다.

☐ e스포츠 대회에서 우승하면 아주 큰 상금을 받을 수 있다.

☐ e스포츠는 전 세계에서 인기가 많아서, 미국, 유럽, 중국, 한국 등 다양한 나라에서 대회가 열린다.

stage 2. 표현하기

◆ 게임은 초등학생에게 좋을까, 나쁠까?
  아래 수직선에 표시하고 이유를 설명해 줘.

  나쁘다 ──────────────────── 좋다

_____

_____

_____

😊 우람이 글

나는 게임이 초등학생한테 좋다고 생각해. 왜냐하면 팀 대결
게임을 하다 보면 협동심을 기를 수 있거든. 내 역할을 파악하고 잘해내면
팀이 승리할 수 있지. 단, 너무 오랜 시간 하면 좋은 점보다 나쁜 점이 많을 수도 있어.

stage 3. 질문하기

◆ 유명한 e스포츠 선수들은 몇십 억이 넘는 높은 연봉을 받는다고 해.
  그 연봉이 적절하다고 생각해? 그렇게 생각하는 이유도 적어 보자.

유명한 e스포츠 선수들의 높은 연봉은 (적다 | 적절하다 | 많다)고 생각한다.

그 이유는 _____

_____

_____

3 만약 세상에 뉴스가 없다면?

★ 뉴스를 보지 않아 불편했던 적이 있어? 어떤 경험이었는지 말해 줘.

★ 한 편의 뉴스를 만들기 위해서 어떤 사람들이 필요한지 ✔ 하며 확인해 봐.

74

◆ 둘 중 뉴스에 담을 내용에 ✔ 하고, 그 이유를 써 봐.

☐ 이번 주 토요일은 우리 엄마 생신이야! 내겐 중요한 날이지.

vs

☐ 이번 주 토요일은 추석이야. 우리나라 고유의 명절이지.

☐ 지난 일요일, 멕시코에서 규모 6.2의 지진이 일어났어.

vs

☐ 백두산이 언젠가 폭발할지도 모른대!

◆ 만약 세상에 뉴스가 사라진다면 어떤 일이 생길까? 그 이유도 적어 줘.

만약 세상에 뉴스가 사라진다면

왜냐하면

☺ 예서 글

만약 세상에 뉴스가 사라진다면 많은 사람들이 다칠 것 같아.
왜냐하면 전쟁이 나거나 큰불이 나도 사람들이 그 소식을 몰라서
피하지 못할테니까!

세계 1위 부자는 누구일까?

stage 1. 배경지식

포브스 선정, 세계 부자 순위 TOP10 (2024년 기준)

1위 버나드 아놀트: LVMH 그룹의 CEO

2위 일론 머스크: 테슬라, 스페이스X의 창업자

3위 제프 베이조스: 아마존의 창업자

4위 마크 저커버그: 메타(구 페이스북)의 창업자

5위 래리 앨리슨: 오라클의 창업자

6위 워런 버핏: 버크셔 해서웨이의 CEO이자 투자자

7위 빌 게이츠: 마이크로소프트의 창업자

8위 스티븐 발머: 마이크로소프트의 CEO 역임

9위 무케시 암바니: 인도 릴라이언스 그룹의 회장

10위 래리 페이지: 구글의 공동 창업자

부자 순위는 보유한 주식의 가치에 따라 오르내려서 늘 변해.

◆ 왼쪽을 보고 세계의 부자들이 운영하는 회사 이름을 써 봐.

1위 _____ : 루이비통, 티파니앤코 등 세계적인 패션,
화장품, 주류 등의 브랜드를 가진 회사

2위 _____ : 미국의 전기 자동차 회사

3위 _____ : 세계 최대 규모의 온라인 쇼핑몰

4위 _____ : 페이스북을 만든 종합 IT 기업

◆ 흐린 글자를 따라 쓰며 세계 10대 부자들의 공통점을 생각해 보고
빈칸을 채워 봐.

1 물건이나 서비스를 판매하는 회사를 창업했다.

2 _____

◆ 내가 일상생활에서 이용하는 회사의 이름을 써 볼까?

친구와 채팅할 때	→
출출해서 편의점에 갈 때	→
궁금한 것을 검색할 때	→

5 에어컨은 누가 발명했을까?

여름철 필수품 에어컨 탄생!

1902년 7월 17일

역사적인 발명품이 탄생했다. 미국의 윌리스 캐리어 박사는 차가운 물로 공기를 시원하게 만드는 냉방기를 발명했다. 이는 뜨거운 증기를 이용해 공기를 따뜻하게 만드는 난방기를 보고 떠올린 아이디어라고 한다. 캐리어는 곧 아이디어를 실현시켜 특허를 받았고 회사를 설립했다. 바로, 여름철 필수품 에어컨이 발명된 것이다!

◆ 에어컨 말고도 우리 생활에 유용한 물건이 참 많아. 그 중에서 누가 만들었는지 궁금한 물건이 있니? 생각나는 대로 모두 쓰고 검색도 해 봐.

stage 2. 표현하기

◆ 일상생활에서 사용하고 있는 물건에 약간의 기능을 추가해서
새로운 발명품을 만들어 볼까? 그림을 그리고 내 발명품에 대해 설명해 봐.

😊 보미 글

강아지 자동 먹이 통을 만들 거야.
시간을 입력하면 그 시간에 자동으로 사료가 나오는 먹이 통이 있으면 좋을 것 같아.
이게 있으면 가족들이 집을 잠깐 비워도 안심이지.

stage 3. 질문하기

◆ 발명가가 되기 위해서는 어떤 능력이 필요하다고 생각해? 왜 그렇게 생각해?

발명가가 되기 위해서는	그 능력이 필요한 이유는

6 세상에서 제일 유명한 그림은 뭘까?

stage l. 배경지식

'모나리자'에 대한 재미있는 사실 4가지 ✦

1. 작품을 그린 레오나르도 다빈치는 천재 예술가로, 과학자, 발명가, 해부학자, 철학자이기도 해.
2. 실제 크기는 가로 53cm, 세로 77cm로 생각보다 작아!
3. 처음 루브르 박물관에 전시될 때만 해도 인기가 없었는데, 도난 사건이 크게 알려지면서 명성을 얻게 되었어.
4. 수많은 패러디를 탄생시켜, 패러디 작품 전시회가 열리기도 했지.

레오나르도 다빈치가 살아 있던 시절에는 '모나리자'가 이렇게 유명하거나 비싸지 않았어. 미술 작품은 작가의 사후에 더 유명해지는 경우가 많아.

stage 2. 표현하기

◆ 또 생각나는 유명한 그림이 있니? 그림을 그리고 어떤 작품인지 설명해 줘.
잘 모르겠으면 검색해 봐도 좋아.

제목 :

화가 :

설명 :

:) 예서 글

제목: 별이 빛나는 밤
화가: 고흐
설명: 하늘에 휙휙 휘몰아치는 것 같은 붓 자국과 노란 달과 별이 아주 예쁘다.

stage 3. 질문하기

◆ 화가가 되기 위해서는 어떤 능력이 필요하다고 생각해? 왜 그렇게 생각해?

화가가 되기 위해서는

그 능력이 필요한 이유는

감기에 걸리면 왜 열이 날까?

감기에 걸리면 열이 나는 이유는?

우리 몸에 바이러스가 침입하면 백혈구가 바이러스를 없애기 위해 전투 준비를 한다. 이때 전투에 유리한 상황을 만들기 위해 우리 몸의 체온을 높인다. 체온이 높아지면 바이러스의 움직임이 느려지고 백혈구는 더 활발히 움직일 수 있기 때문이다. 따라서 체온이 올라 열이 나는 것은 백혈구가 열심히 싸우고 있다는 뜻이다. 체온이 오른다고 무조건 해열제를 먹는 것은 백혈구의 속뜻을 무색하게 만드는 일인 셈이다.

🔹 독한 감기에 걸렸을 때 몸에 어떤 증상이 나타났는지 써 보자.

◆ 감기에 잘 걸리지 않는 나만의 방법이 있어? 또는 감기에 걸렸을 때
   빨리 낫기 위해 내가 쓰는 물건이 있다면? 그림을 그리고 설명해 줘.

😊 서우 글

스카프나 목도리! 감기에 잘 걸리지 않는 나만의 방법은 목을 따뜻하게
해 주는 거야! 우리 엄마가 그러셨는데, 목이 차가우면 감기에 걸린대. 그래서 나는
봄, 가을에는 목에 가벼운 스카프를 매고, 겨울에는 꼭 목도리를 두르고 다니지.

◆ 의사가 되기 위해서는 어떤 능력이 필요하다고 생각해? 왜 그렇게 생각해?

의사가 되기 위해서는	그 능력이 필요한 이유는

내가 아는 직업은?

내가 알고 있는 직업 이름을 마음껏 써 보자.
직업 이름을 모른다면 하는 일을 설명으로 써도 돼.

7 직업의 섬

내가 사람들에게 필요한 도움을 주거나,
사람들을 기쁘게 해 주면 어떤 일이 생길까?
그럼 사람들은 고마워하고, 나를 계속 찾겠지?
그게 바로 직업으로 연결이 된단다.

세상에는 정말 다양한 직업이 있어!
함께 살펴볼까?

1 방송인_대중에게 즐거움을 주는 사람

stage I. 배경지식

방송인은 대중에게 즐거움을 주는 직업이야.
노래와 춤으로 즐거움을 주기도 하고, 개그로 웃기기도 하고, 실감 나는 연기로
감동을 주기도 해. 최근에는 유튜버 역시 사람들에게 큰 즐거움을 주고 있지.

MC 유재석   댄서 아이키   아이돌 아이브

개그맨 박명수   배우 김유정   유튜버 빠니보틀

◆ 방송인이 되기 위해 필요한 능력은 무엇일까? 빈칸을 내 생각으로 채워 봐!

사람들의 마음에
공감하는 능력

노래, 춤, 연기 등
표현하는 능력

stage 2. 표현하기

◆ 내가 좋아하는 방송인 이름을 쓰고
그림도 그려 봐.

이름 :

◆ 이 사람을 좋아하게 된 이유는? 이 사람을 보면 드는 감정, 느낌이나 생각은?

😊 예시 글

이름: 유재석
엄마, 아빠가 '유퀴즈'라는 프로그램을 자주 보시는데 거기에서 사람들의 이야기를 잘
들어주셔서 좋아하게 됐어. 유재석 아저씨를 보면 나도 다른 사람의 말을 귀담아 듣고
맞장구도 잘 쳐 줘야겠다는 생각이 들어.

stage 3. 질문하기

◆ 방송인이 되면 많은 사람들이 나를 알아보게 되잖아.
유명해졌을 때 좋은 점과 안 좋은 점에 대해 생각해 볼까?

좋은 점은	안 좋은 점은

2 운동선수_신체의 한계에 도전하는 사람

stage I. 배경지식

운동선수는 운동의 규칙과 기술을 익혀서 각종 경기에서 자신의 한계에 도전하는 사람이야. 축구, 수영, 피겨, 탁구, 펜싱, 골프, 양궁, e스포츠 등 다양한 운동 종목이 있지. 여러 국제 대회에서 우리 운동선수들이 대한민국을 빛내고 있어.

피겨 김연아   축구 손흥민   e스포츠 페이커

양궁 김제덕   펜싱 오상욱   골프 박세리

◆ 운동선수가 되기 위해 필요한 능력은 무엇일까? 빈칸을 나의 생각으로 채워 봐.

유연성, 순발력 등 신체 능력

집중력, 도전하는 자세

✦ 내가 좋아하는 운동선수를 그림으로 그리고 소개도 해 봐.

이름 :

종목 :

✦ 이 사람을 좋아하게 된 이유는? 이 사람을 보면 드는 감정, 느낌이나 생각은?

☺ 연석이 글

이름: 손흥민 | 종목: 축구
축구 실력도 좋지만, 팀원들을 이끄는 리더십을 보고 반했다.
손흥민 선수를 보면 나도 멋진 축구 선수가 되고 싶다는 생각이 든다.
손흥민 선수가 우리나라 선수라는 것이 자랑스럽다.

stage 3. 질문하기

✦ 운동선수가 되기 위해서는 선천적으로 타고난 신체적 능력과 후천적인 노력,
둘 중에 뭐가 더 중요하다고 생각해? 그렇게 생각하는 이유가 뭐야?

운동선수가 되기 위해서는 (선천적인 신체 능력 | 후천적인 노력) 이 더 중요하다고

생각한다. 왜냐하면

3 언론인_중요한 정보를 전하는 사람

언론인은 신문, 방송, 통신, 잡지와 같은 언론사에서
대중에게 중요한 소식을 알리는 사람이야.
언론인들은 어떤 사건을 오직 사실에 기반해 알려야 할 책임이 있어.

★ 언론인이 되기 위해 필요한 능력은 무엇일까? 빈칸을 나의 생각으로 채워 봐.

좋은 발음, 말을
잘하는 능력

진실을 추구하는
공정함

◆ 뉴스 기사를 여러 번 소리 내어 읽어 보고, 실제 앵커처럼 보도하면서
핸드폰으로 내 모습을 촬영해 봐!

많은 스타들이 꼭두새벽부터 기부 마라톤, 815(팔일오)런에 참가했는데요. 광복절
을 기념하는 정말 뜻깊은 현장 속으로 가 보실까요?
815(팔일오)런은 독립 유공자 후손들의 집짓기 행사로 4년 전부터 시작됐는데요. 그
동안 16(열여섯)채 정도가 완공됐고, 앞으로도 독립 유공자 후손들의 안락하고 안전
한 보금자리 마련에 기부할 예정이라고 합니다.

◆ 위 글에서 발음하기 어려웠던 부분에 ○ 해 보자.
이 뉴스를 전달할 때 어떤 감정을 실으면 좋을까?

한 편의 뉴스를 만드는 과정에는 엄청 많은 사람들이 필요해.
우리가 방송 화면으로 보는 앵커, 리포터뿐만 아니라 취재 기자,
카메라 감독, 조명 감독, 기술 감독, 뉴스 진행 PD….
한 명이라도 없으면 뉴스가 만들어지지 못하지.

◆ 날씨, 경제, 정치, 연예계 소식 등 다양한 분야에 관련된 뉴스가 있어.
그 중에서 내 삶에 가장 중요하다고 생각하는 분야는 뭐야?
이유도 함께 말해 줄래?

(날씨 | 경제 | 정치 | 연예 | _____) 뉴스가 가장 중요하다고 생각한다.

왜냐하면 _____

4 사업가 _물건이나 서비스를 판매하는 사람

사업가는 회사를 이끌고 사원들을 관리하며 회사의 모든 일을 책임지고 운영하는 사람이야. IT 회사, 제약 회사, 식품 회사, 물류 회사, 미용 회사 등 다양한 종류의 기업이 있지. 최근 우리나라의 기업들은 전 세계로 뻗어 나가고 있어.

♦ 사업가가 되기 위해 필요한 능력은 무엇일까? 빈칸을 나의 생각으로 채워 봐.

경영하는 분야에 관련된 전문 지식

인재를 알아보고 관리하는 능력

◆ 사업가란 어떤 사람인지 생각하며 다음 글을 읽어 봐.

국내 최초 새벽 배송을 도입한 식품 유통 회사

김슬아 대표는 사람들이 신선하고 품질 좋은 식품을 쉽게 구매하고 싶어하는 마음을 포착했다. 이는 전날 주문하면 다음날 새벽에 배송해 주는 회사를 창업하게 된 계기가 되었다. 이 창의적인 발상은 한국의 새벽 배송 시장에 혁명을 일으켰다. 직접 무겁게 장을 보지 않고 전날 밤에 스마트폰으로 간단히 주문을 해도 되는 편리한 세상이 된 것이다.

◆ 위의 이야기를 읽고 배울 점을 써 보자.

_____

_____

하람이 글

사업가는 사람들의 생활을 편리하게 해 준다는 걸 배웠다.
장 보러 가는 게 힘든 사람들을 위해 빠르게 배송해 주는 서비스를 만들어 주다니.
나도 사람들이 더 편하게 살 수 있는 무언가를 만들어 보고 싶다.

◆ 내가 회사를 만든다면, 어떤 물건이나 서비스를 판매하고 싶어?
   그 이유는 뭐야?

나는 _____

왜냐하면 _____

_____

5 발명가_불편함을 개선하는 사람

stage I. 배경지식

발명가는 지금까지 없던 기술이나 물건을 새로 생각하여 만들어 내는 사람이야.
자신이 만들어 낸 발명품으로 특허를 내기도 하지.
그 기술을 바탕으로 회사를 설립하고, 상품화하여 팔기도 해.

★ 발명가가 되기 위해 필요한 능력은 무엇일까? 빈칸을 나의 생각으로 채워 봐!

호기심과 세심한
관찰력

새롭고 독특한 방식으로
문제를 해결하는 창의력

◆ 발명가란 어떤 사람인지 생각하며 다음 글을 읽어 봐.

혁신적인 무선 청소기를 만든 제임스 다이슨

다이슨은 영국의 기업으로, 혁신적인 가정용 전자 제품을 생산하는 회사다. 기존의 무선 청소기는 흡입력이 약하고, 청소 가능 시간이 짧다는 단점이 있었다. 발명가 제임스 다이슨은 강력한 배터리 기술을 포함해 300가지 이상의 발명 기술 특허를 냈다. 그렇게 다이슨 청소기는 전 세계적으로 유명해졌다.

◆ 발명가 제임스 다이슨의 머릿속을 상상하며 빈칸을 채워 봐.

머리를 말리는 헤어 드라이어. 그리고 웨이브를 넣는 고데기.
두 가지를 따로 사용하면

_____

이걸 하나로 합친다면

_____

◆ 일상생활에서 불편한 점을 한 가지 찾고, 그 문제를 해결해 줄 수 있는 발명품에 대해 생각해 볼까? 꼭 물건이 아니어도 돼.

불편한 점	나만의 발명품

6 예술가_아름다움을 추구하는 사람

stage I. 배경지식

예술가는 아름다움을 추구하고 전달하는 사람이야.
미술 작품이나, 노래, 춤, 문학 작품 등 표현 수단은 다양하지만
모두 예술적인 아름다움을 표현한다고 볼 수 있어.

화가 피카소

조각가 로댕

성악가 조수미

피아니스트 조성진

작가 한강

무용가 강수진

◆ 예술가가 되기 위해 필요한 능력은 무엇일까? 빈칸을 나의 생각으로 채워 봐.

사물에 대한 관찰력

그림 실력, 노래 실력,
춤 실력 등의 신체적 능력

stage 2. 표현하기

◆ 예술가란 어떤 사람인지 생각하며 다음 글을 읽어 봐.

> **아름다운 예술에 숨겨진 인내의 시간**
>
> 우리가 아름답다, 황홀하다고 느끼는 예술 공연이나 전시에 숨겨진 진실은 단순하다. 매일 연습하고 또 연습하는 것. 세계적인 발레리나 강수진 님은 수많은 시간을 연습하며 발톱이 셀 수도 없이 많이 빠졌다고 한다.
> 그런 시간이 있기에 모두가 감동하는 예술이 탄생하는 것이 아닐까?

◆ 내가 인상 깊게 봤던 공연이나 전시회가 있다면 소개해 줘.
   언제, 어디에서, 누구와, 무엇을 보았는지 떠올리며 글을 써 보자.

:) **연우 글**

> 나는 작년에 엄마, 아빠랑 본 피아노 연주회가 기억에 남아.
> 사람들이 숨소리도 내지 않고 연주에 집중하고, 박수 쳐 주는 모습이 기억에 남았고,
> 나도 언젠가 사람들 앞에서 공연을 해 보고 싶다는 생각이 들었어!

stage 3. 질문하기

◆ 고흐의 그림을 따라 그렸어. 제목을 짓고 그렇게 지은 이유를 써 볼까?

제목 :

이유 :

7 의료인_아픔을 치료하는 사람

의료인은 병의 원인을 찾아 치료하고 예방하며, 아픈 몸을 회복하고
다시 움직일 수 있게 해 줘! 의사뿐 아니라 한의사, 치과 의사, 간호사, 수의사가
의료인에 해당되는데, 모두 생명과 관련된 중요한 일을 하지.

의사   한의사   치과 의사

간호사   수의사

✦ 의료인이 되기 위해 필요한 능력은 무엇일까? 빈칸을 나의 생각으로 채워 봐.

생명을 다루는 만큼
높은 책임감

정확한 진단을 위한
판단력

◆ 의료인이란 어떤 사람인지 생각하며 다음 글을 읽어 봐.

> ## 전쟁터에서 수많은 목숨을 구한 나이팅게일
>
> 1853년 크림 전쟁 당시 부상병들이 죽어 나간다는 소식이 들리자 나이팅게일은 전쟁터로 달려갔다. 비위생적인 전쟁터에서 부상병들의 상처가 악화되는 것을 본 나이팅게일은 청소와 세탁 등 위생 상태부터 바로잡았다. 사람들은 야간 간호를 도맡아 한 나이팅게일을 '등불을 든 여인'이라고 부르기 시작했다.

◆ 몸이 아플 때는 병원에 가지?
내가 그 동안 만났던 의료인들 중 기억에 남는 분에 대해 적어 보자.

_____

_____

😊 채영이 글

> 지난 토요일에 이를 빼러 치과에 갔다. 누워 있을 때 너무 무서웠는데
> 치과 의사 선생님께서 비타민 젤리를 주시면서 이거 먹는 상상을 하고 있으면
> 금방 끝난다고 하시는 거다. 젤리를 꼭 쥐고 있으니까 생각보다 안 아팠다.

◆ 의사, 한의사, 치과 의사, 간호사, 수의사…. 의료인 중에 한 가지를 고른다면, 어떤 직업을 갖고 싶니? 그 이유도 적어 볼까?

나는 _____ 가 되고 싶다.

왜냐하면 _____

_____ 때문이다.

나는 누구 ?

미래로 가는 타임머신이 있다면?

원하는 미래로 갈 수 있는 타임머신이 발명되었대.
언제로 가서 무엇을 하고 싶니? 내 모습을 그리고 써 봐

나는 _____ 로 가서 _____

_____ 을(를) 하고 싶어!

왜냐하면, _____

리워드 타임

여러 가지 직업을 알아보았니?
그렇다면 리워드 1개 추가!
획득한 보석을
보라색으로 색칠해 봐.

8 현재와 미래의 섬

지금까지 나에 대해 엄청 많은 걸 알아보았어!
내가 좋아하는 것, 싫어하는 것, 나의 소중한 사람들,
나의 감정, 관심사, 나의 꿈….

내가 눈치채지 못하는 사이에
나의 두뇌는 나에 대한 이해도가 엄청 높아져 있단다.

이제 나의 현재와 미래에 대해 생각해 볼까?

우리는 모두 성격도 취향도 재능도 다르니까 미래의 모습도 다르겠지.

내가 뭘 좋아하고 잘하는지 알 것 같아.

나는 미래에 어떤 사람이 되어 있을까?

너는 어떤 사람이 되고 싶니?

'나' 사용 설명서

★ 로봇 하쿠의 사용 설명서를 완성해 볼까?

얼굴은 _____ 모양이며 몸은 _____ 색이다.

친구들과 노는 걸 _____

한 번 들은 건 절대 안 까먹는다.

물에 들어가는 걸 _____

 설명서에는 하쿠의 외모, 좋아하는 것, 잘하는 것, 싫어하는 것이 적혀 있어.

◆ '나' 사용 설명서를 만들어 볼까? 내가 어떤 사람인지 잘 생각하면서 써 보자.

외모

좋아하는 것

잘하는 것

싫어하는 것

◆ 지금의 나 자신에 대한 만족도는 몇 점이야?
  수직선에 표시하고 그 이유를 적어 보자.

0점   50점   100점

나에 대한 만족도는 ＿＿＿＿＿ 점이야. 그 이유는 ＿＿＿＿＿

2 내 꿈을 발표해요!

stage I. 표현 준비

◆ 큐알로 연결된 노래를 듣고 나에게 어울리는 가사로 바꾸어 써 보자!

◆ 나의 꿈을 발표하려고 해. 아래에 글이나 그림, 동영상으로 표현해 보자.
동영상이라면 네모 칸을 나누어 내용의 흐름도를 그리면 돼.
준비한 내용을 가족, 친구들에게 발표해 봐.

◆ 내 꿈을 발표할 때 마음이 어땠어? 가족, 친구들이 내게 해 준 말도 적어 보자.

내 꿈을 발표할 때의 감정	가족, 친구들이 해 준 말

미래의 나는?

stage l. 표현 준비

세계적인 야구 선수 오타니 쇼헤이는 17살에 자신의 꿈을
매우 구체적으로 적었다고 해. 이 그림을 '만다라트'라고 하는데,
꿈을 이뤄 주는 도구라고도 하지. 오타니의 만다라트 일부를 살펴보자.

	몸 만들기			제구			구위	
			몸 만들기	제구	구위	축을 돌리기	하체 강화	체중 증가
	멘탈		멘탈	8구단 1순위	스피드 160	몸통 강화	스피드 160	어깨주변 강화
			인간성	운	변화구	가동력	라이너 캐치볼	피칭 늘리기
감성	사랑받는 사람	계획성						
배려	인간성	감사		운			변화구	
얘의	신뢰받는 사람	지속력						

가운데에 꿈을 쓰고, 그 둘레에 꿈을 이루기 위해 필요한 8개를 써.
그리고 그 8개 각각의 둘레에 필요한 작은 행동 8개를 쓰는 거야.

stage 2. 표현하기

🔖 나의 꿈 만나라트를 적어 봐.
노란 네모에 꿈을 쓰고, 주변의 네모에 꿈을 이루기 위한
구체적인 행동을 쓰면 돼. 또 분홍 네모의 행동을 오른쪽에 옮겨 쓰고,
그것을 이루기 위한 작은 행동도 써 봐.

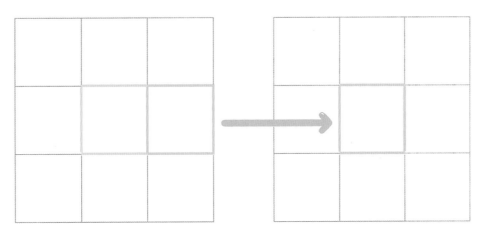

🔖 미래에 나의 꿈을 모두 이루었을 때 기분은 어떨 것 같아?

_____

_____

stage 3. 질문하기

🔖 사람은 꿈을 꼭 가져야 할까? 꿈을 가지면 과연 무엇이 좋을까?
너의 생각을 이유와 함께 적어 봐!

_____

_____

_____

나의 가치관은?

나의 인생에서 가장 중요하다고 여기는 것, 그걸 가치라고 해.
그 가치들이 모이면 나의 가치관이 되는 거야.
아래의 '가치 피자'를 살펴보고 오른쪽에서 표현해 보자.

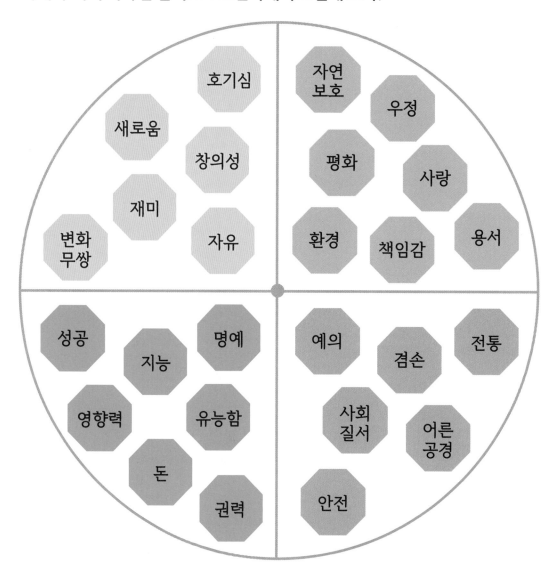

사람들마다 더 중요하다고 생각하는 가치들은 달라.
따라서 가치관도 조금씩 다르지.

◆ 왼쪽의 가치 피자를 보면서 아래 질문에 답해 봐.

1 내가 평소에 어른들에게 높다(많다)고 들어 본 단어를 가치 피자에서 모두 찾아 ○ 해 봐.

> 예 예의가 바르구나. ➡ **예의** ┃ 너는 자유로운 영혼이구나. ➡ **자유**

2 내가 가장 중요하다고 생각하는 단어는 뭐야?

3 아래의 빈칸에 들어갈 단어는 뭐라고 생각해?

_____ 이 높은(많은 ┃ 있는) 사람이 훌륭하다.

◆ 가치 피자에 ○ 한 단어 중 3개를 가장 중요한 순서부터 쓰고
가치 조각의 색으로 네모 칸을 칠해 봐.

❶	❷	❸

◆ 무슨 색깔이 첫 번째로 나왔어? 색깔별로 어울리는 직업을 알려 줄게.
사람은 자신이 중요하게 여기는 가치에 맞는 직업을 선택했을 때
더 행복하게 살 수 있거든.

사업가, 정치인	과학자, 연예인	환경 운동가, 동물 사육사	군인, 경찰, 공무원

◆ 만약 내가 가장 중시하는 가치가 '자연보호'인데,
산을 깎아 스키장을 만드는 사업가가 된다면 어떤 문제가 생길까?

5 나의 인생 로드맵

stage l. 표현 준비

◆ 주인공이 보물 지도를 들고 탐험을 떠나는 영화를 본 적 있지?
우리 삶에도 그런 보물 지도가 있단다. 바로 '인생 로드맵'!
나의 현재 모습, 최종 목표, 그리고 징검다리 목표가 그려진
나이별 시간 지도라고 할 수 있어. 친구의 인생 로드맵을 참고해 봐.

초등학교
성실히 다니기

로봇 회사
창업하기

가정 형편이 어려워 공부를 못하는
어린이들에게 기부

| 10살 2025년 | 20살 2035년 | 30살 2045년 | 40살 2055년 | 60살 2075년 | 70살 2085년 |

서울대학교
컴퓨터공학과 입학

회사를 키워
세계 진출

우주 여행

나이에 맞는 목표를 설정하기 어려울 때는 주변 어른들의 모습을 참고해 봐!

110

stage 2. 표현하기

◆ 나의 인생 로드맵을 그려 보자.

1 '출발'에 나의 나이와 현재 연도를 적는다.

2 '도착'에 최종 나이, 연도, 이루고 싶은 목표를 적는다.

3 10살 단위로 연도와 이루고 싶은 징검다리 목표를 적는다.

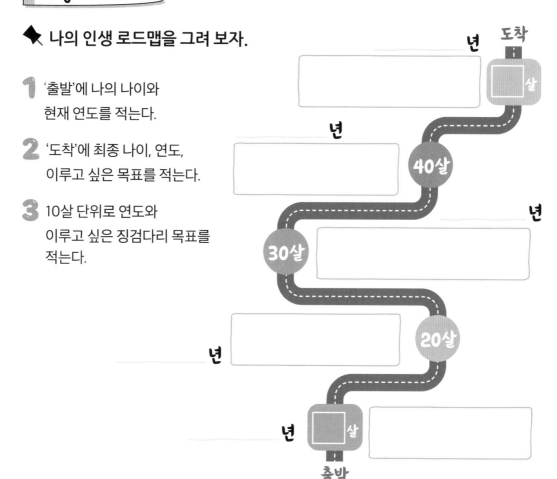

◆ 첫 번째 징검다리 목표를 이루기 위해서 내가 지금 해야 하는 노력은 뭐야?

---

stage 3. 질문하기

◆ 삶에서 목표를 이루는 결과가 더 중요할까, 아니면 목표를 이루는 과정이 더 중요할까? 그렇게 생각하는 이유는 뭐야?

삶에서 목표를 이루는 (결과가 | 과정이) 더 중요한 것 같다.

왜냐하면

6 쓰는 대로 이루어지는 마법의 주문

조각가 피그말리온은
자신이 바라는 이상형의 모습을
조각했어. 피그말리온은
정성을 다해 완성한 조각상을
마치 살아 있는 여인을 대하듯
진심으로 사랑했어.

이 모습을 측은하게 바라보던
여신 아프로디테는
조각상에 생명을 불어넣어 주었지.
피그말리온은 아름다운 여인이 된
조각상과 평생 행복하게 살았다고 해.

- '그리스·로마 신화' 중에서

◆ 이 이야기에서 '피그말리온 효과'라는 용어가 나왔어.
긍정적인 기대나 관심이 사람에게 실제로 좋은 영향을 미치는 효과를 뜻해.
'자성 예언'이라고도 하지.

> **자성 예언의 예**
>
> 1. 나는 있는 그대로 소중한 사람이야.
> 2. 나는 내 꿈을 이루기에 충분히 똑똑하고 건강해.
> 3. 나는 내 주변 사람들에게 긍정적인 에너지를 전해 줘.
> 4. 나는 매일 더욱 발전하고 성장해.
> 5. 나는 선생님, 부모님께 매일 칭찬을 받아.

피그말리온 효과는 심리학에서 많이 쓰는 용어야.
실제로 효과가 있다는 게 입증되었지.

◆ 쓰면 이루어지는 마법의 주문 5가지를 써 보자.
이 마법 주문을 쓰고 나면 정말로 이루어지니까, 신중하게 생각하고 적어 봐!

1

2

3

4

5

◆ 긍정적인 사람은 삶에 힘든 순간이 찾아오더라도
결국 이겨 내고 더 크게 성장할 수 있어. 나에게 최근에 있었던
힘든 상황을 적고, 그 상황에서 할 수 있는 긍정적인 생각을 써 보자.

예시

상황: 학년이 올라가며 친한 친구와 반이 달라졌다.
나의 생각: 좀 낯설고 슬프겠지만, 새로운 친구를 사귈 수 있는 기회구나.

상황 :
_____

나의 생각 :
_____

여기까지 끈기 있게 글을 쓰며 완주한 나에게!

나는 이제 평범한 어린이가 아닙니다.
나는 이 책으로 활동하지 않은 친구들보다
100배 이상 나 자신에 대해 잘 알게 되었습니다.

또 나에 대해 구석구석 탐색해 보며
나 자신을 있는 그대로 사랑하게 되었습니다.

나는 멈춰 있지 않아요.
계속 변화하고 성장하면서 나의 생각과 관심사는 달라질 수 있지요.
해마다 이 책으로 활동하면서
성장의 역사를 쌓아 나갈 겁니다.

'진정한 나'는
나답게 반짝반짝 빛나는 별입니다.

'진정한 나'라는 보물을 찾은 나에게 해 주고 싶은 말

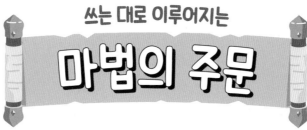

쓰는 대로 이루어지는

마법의 주문

· 빈칸을 채워 잘 보이는 곳에 붙여 두세요.

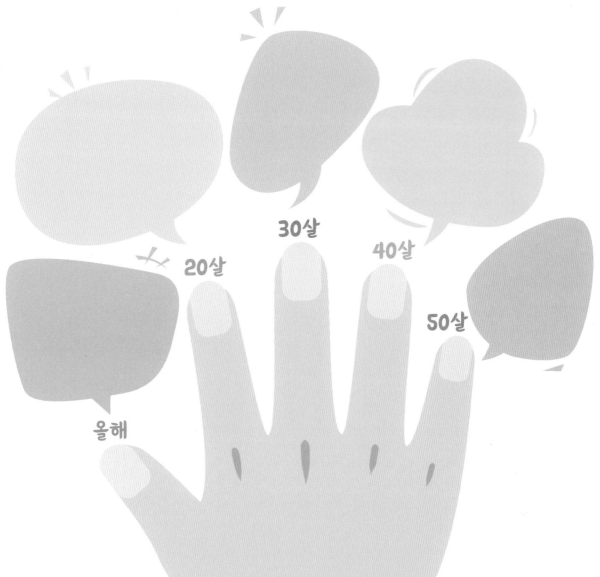

30살

20살

40살

50살

올해

자르는선

어린이를 위한 퍼스널브랜딩

열 살 내 꿈이 궁금해!

초판 1쇄 인쇄 2025년 3월 7일
초판 1쇄 발행 2025년 3월 14일

지은이 황현하

대표 장선희 **총괄** 이영철 **기획위원** 김혜선 **책임편집** 강교리 **기획편집** 이여진, 최지수
마케팅 김성현, 유효주, 이은진, 박예은 **경영지원** 전선애
디자인 양혜민, 최아영 **외주디자인** 부가트 디자인

펴낸곳 서사원주니어 **출판등록** 제2023-000199호 **주소** 서울시 마포구 성암로330 DMC첨단산업센터 713호
전화 02-898-8778 **팩스** 02-6008-1673 **이메일** cr@seosawon.com **네이버포스트** post.naver.com/seosawon
페이스북 www.facebook.com/seosawon **인스타그램** www.instagram.com/seosawon_jr

ⓒ 황현하. 2025

ISBN 979-11-6822-389-9 73190

서사원은 독자 여러분의 책에 관한 아이디어와 원고 투고를 설레는 마음으로 기다리고 있습니다.
책으로 엮기를 원하는 아이디어가 있는 분은 이메일 cr@seosawon.com으로 간단한 개요와 취지, 연락처 등을
보내주세요. 고민을 멈추고 실행해보세요. 꿈이 이루어집니다.